Henning Mankell

Butterfly Blues

Ein Theaterstück

Aus dem Englischen von
Claudia Romeder-Szevera

Deutscher Taschenbuch Verlag

›Butterfly Blues‹ ist ein Auftragswerk von »Graz 2003 Kulturhauptstadt Europas« und entstand als Koproduktion des Teatro Avenida in Maputo, Mosambik, und des Schauspielhauses Graz (Uraufführung am 11. Januar 2003 im Schauspielhaus Graz, Regie: Henning Mankell). Der vorliegende Text stimmt nicht in allen Punkten mit der Spielfassung überein.

Ungekürzte Ausgabe
Januar 2005
Deutscher Taschenbuch Verlag GmbH & Co. KG, München
www.dtv.de
Lizenzausgabe mit Genehmigung des Paul Zsolnay Verlags

Umschlagkonzept: Balk & Brumshagen
Umschlagfoto: © Peter Manninger
Satz: Meike Harms, München
Druck und Bindung: Druckerei C. H. Beck, Nördlingen
Gedruckt auf säurefreiem, chlorfrei gebleichtem Papier
Printed in Germany · ISBN 3-423-13290-6

Vorbemerkung

Diese Fassung ist Theaterstück und Regiekonzept in einem. Ich möchte hervorheben, daß ich dieses Stück mit meiner eigenen Inszenierungsvorstellung im Kopf geschrieben habe. Hätte ich es für einen anderen Regisseur oder ein anderes Theater geschrieben, dann hätte ich es sicher anders gemacht. Aber ich sehe, was zwischen den Zeilen geschrieben steht.

Je länger ich lebe und je mehr Theateraufführungen ich sehe – und daran beteiligt bin – um so mehr bin ich der festen Überzeugung, daß das Living Theatre einer der wenigen Treffpunkte ist, die heutzutage noch existieren. Ein Treffpunkt, wo wir »wahre« Geschichten erzählen können: Geschichten über Menschen, ihre Träume, ihre Kämpfe, ihre Ängste und Hoffnungen.

Diese Geschichten müssen keiner Linearität folgen, sondern können vielmehr Themen und Assoziationen anreißen. Das wichtigste Element einer Theateraufführung sind die Schauspieler. Sie haben die Aufgabe, diese Geschichten zum Leben zu bringen.

Für meine Inszenierung von *Butterfly Blues* habe ich mich entschlossen mit vier Schauspielern zu arbeiten, die mehrere Rollen übernehmen.

Henning Mankell
Im Juni 2002

Personen

Ana
Sara
Mutter, *von Ana*
Schlepper 1
Schlepper 2
Wächter 1
Wächter 2
Untersuchungsbeamter
Übersetzer
Mister Molumbo
Agent
Alfredo
Maria
Zacharias, *Käseverkäufer*
LKW-Fahrer 1
LKW-Fahrer 2
Zorniger Bürger 1
Zorniger Bürger 2
Jonathan
Mann aus Jamaika
Vater, *von Ana*
Salzstreuer-Mann

Die Bühne ist offen, als ob sie der Innenraum eines Schlepperschiffes oder eines dunklen und angstgefüllten Containers sei.

Auf der Bühne liegen Koffer und Schuhe herum. Diese Schuhe und Koffer sind ein lebender Teil des Stückes und der Inszenierung – in manchen Fällen kann man die Koffer öffnen, andere sind so präpariert, daß beispielsweise nach dem Öffnen Feuer daraus lodert, Spiegel sichtbar werden und so weiter.

Eine Art Segel, ein großes afrikanisches Kleidungsstück, ist über die Bühne gespannt. Am Schluß des Stückes wird dieses Kleidungsstück in dem kleinsten Koffer verschwinden.

Die Musiker sind auf der Bühne. Sie werden sich frei auf der Bühne bewegen.

Das Licht ist die wichtigste Komponente der Aufführung.

Last not least: Es werden viele verschiedene Sprachen verwendet werden. Wir werden später entscheiden, was für das Publikum übersetzt werden muß und in welcher Weise.

Prolog

Die Bühne ist dunkel. Musik, starke rhythmische Musik, klingt zuerst sehr afrikanisch und dann, langsam, verwandelt sie sich in eine Mischung aus afrikanischer und europäischer Musik. Die Atmosphäre ist intensiv, gespannt. Licht fällt auf die Bühne. Es erzeugt das Gefühl eines Schiffes auf dem Meer, grüne und rote Lichter bewegen sich über den Bühnenraum, außerdem sieht man das Aufblinken des Lichtes von einem Leuchtturm. Ana und Sara sind sichtbar. Die Musik und der Rhythmus dauern an, der Rhythmus ist sehr erotisch.

Szene 1

Ana Sieh nur!

Sara Ich sterbe. Ich will wieder nach Hause. O Mutter, segne mich …

Ana Sieh dir diese Sterne an!

Sara Im Grab gibt es keine Sterne. Ich sterbe. Wir werden ertrinken. Schau! Das Schiff ist schon voller Wasser. Hier unten sind keine Sterne, nur der Tod …

Ana Wir werden nicht sterben. Wir sind bald da. Komm, du mußt hinsehen, es sind nicht die Sterne, das muß die Küste sein. Häuser … Kannst du es nicht hören? … Menschen … jemand singt …

Sara Ich will wieder zurück, ich will nach Hause.

Ana Es gibt kein »Zurück«, kein »Nachhause«. Es liegt nichts hinter, sondern alles vor uns. Beruhige dich.

Sara Ich kann keine Sterne sehen.

Ana Mein Gott …

Sara Was denn?

Ana Kannst du es nicht sehen?

Sara Den Tod?!

Ana Nein!

Sara Schlimmer?

Ana Was kann schlimmer als der Tod sein? Es ist Europa! Es ist nicht der Tod, es ist Land in Sicht, die Küste, wir werden leben. Wie sehe ich aus? Ich will schön sein, wenn wir ankommen.

Sara Ich kann kein Europa erkennen.

Ana Aber du kannst mein Gesicht erkennen. Wie sehe ich aus?

Sara Blaß.

Ana Das will ich nicht hören.

Sara Häßlich.

ANA Du lügst.

SARA Ein schwarzer Vogel. Ich hasse dein Gesicht. Warum bin ich nur mit dir mitgekommen? Warum, warum, warum?

ANA Weil, weil, weil!

SARA Ich glaube, ich muß kotzen.

ANA Ich kann das Land sehen ... Mama ... wir sind da ... .

Szene 2

(Ana beginnt zu tanzen; Sara verwandelt sich in die Mutter von Ana. Sie kämpfen, während sie reden und tanzen, um einen Koffer. Ana packt ein, Sara packt wieder aus. Die Mutter – Sara – ist sehr alt.)

Ana Mama …

Mutter Kannst du mir nicht einmal zuhören, obwohl wir uns zum letzten Mal sehen? Meine eigene Tochter geht fort, und nicht einmal dann hört sie mir zu? Nicht einmal jetzt?

Ana Mama!!!

Mutter Was, glaubst du wird geschehen, wenn du gehst? Böse Menschen werden dich töten, sie werden dich als Sklavin verkaufen, eine Hure aus dir machen. Was für ein Leben wartet denn dort auf dich? Du gehörst hierher, nicht dorthin, wo sie dich töten werden.

Ana Es gibt hier keine Zukunft.

Mutter Du wirst sterben. Die Zeiten waren schon immer hart, aber wir sind daran gewöhnt. Was weißt du überhaupt über diese Welt, in die du jetzt gehst? Nichts. Wenn du gehst, gehst du nicht alleine. Du nimmst all deine Kinder mit.

Ana Ich habe doch gar keine Kinder.

Mutter Noch nicht. Aber wenn sie erst einmal geboren sind, dann werden sie für immer fort sein. Du nimmst mir meine ungeborenen Enkel weg.

Ana Ich fürchte mich, aber ich muß gehen.

Mutter Du gehst und läßt mich sterben. Einfach so … Dein Vater …

Ana … ist tot, ich weiß. Er wurde umgebracht. Deshalb

muß ich fort von hier. Ich will nicht, daß mir dasselbe wie ihm passiert.

MUTTER Nicht so laut.

ANA O Jesus, kannst du es nicht sehen. Ich habe zwar Angst, aber ich muß es tun. Ich tue es für dich. Verstehst du das nicht?

MUTTER Dann geh, verlaß mich nur. Du wirst nicht zurückkommen. Du wirst mich vergessen, bevor ...

ANA ... bevor ich mich auch nur hingesetzt habe ... Ja, ich weiß. (*Zögert.*) Gut, ich werde bleiben. Ich werde bleiben und mit dir sterben.

MUTTER Wie bitte? Glaubst du denn etwa, Mister Kokumba wird auf dich warten, um dich in die Stadt zu fahren? Geh jetzt. Geh und denk daran, daß ich dich immer in meinen Träumen sehen werde. Ich werde immer wissen, was du gerade tust und wo du bist.

(SARA ist nun nicht mehr die Mutter von ANA.)

ANA Mutter? Siehst du mich? Wo bist du? Sie ist verschwunden ...

Szene 3

(Wieder auf dem Schiff.)

Ana ...Wo sind meine Schuhe? Ich habe meine Schuhe verloren. Meine Schuhe ...

Sara Am Grund des Meeres brauchst du keine Schuhe.

Ana Wir werden nicht sterben. Wie oft muß ich dir das noch sagen? Ich will mit Schuhen das Land betreten. Ich bin kein dreckiger Niggerbettler ohne Schuhe. *(Das Schiff schaukelt plötzlich.)* Was war das?

Sara Wir sinken!

Ana Schrei nicht so!

Sara Ich schreie, so viel ich will!

(Das Schiff setzt den Anker; das Licht verändert sich. Zwei Männer beginnen, Koffer und Menschen über die fingierte Bordwand zu werfen.)

Schlepper 1 Runter!

Ana Ich kann nicht schwimmen.

Schlepper 1 Das ist mir doch scheißegal. *(Sie kämpfen.)* Wenn du mich noch einmal beißt, bring ich dich um!

Schlepper 2 Was ist da los?

Schlepper 1 Dieses Miststück beißt.

Schlepper 2 Achtung! Die Polizei! Schmeiß sie von Bord.

(Die zwei Mädchen werden über Bord geworfen; sie ertrinken beinahe. Sie tragen einander und ihre Koffer und Schuhe zur Küste.)

Szene 4

(Es herrscht völlige Stille. Das Licht wird zum Licht einer Verhörlampe. Im Flüchtlingslager.)

SARA Bitte, wirf mich nicht ins Meer zurück.

ANA *(wie ein Sprech-Blues)* Mein Name ist »Saved from the Sea«. Ich werde niemanden verletzen, ich werde nicht betteln, ich werde arbeiten, ich werde tun, was du mir sagst, ich kann für dich singen, die schmutzigste Arbeit für dich erledigen. Woher ich komme, das habe ich schon vergessen, aber ich weiß, daß meine Mutter auf mich aufpaßt, ich bin ein Flüchtling aus der armen staubigen Wüste, wo nichts wächst und wo kein Traum wahr wird. Ich komme von einem Volk, das versklavt war zu der Zeit meiner Mutter und zu der Zeit meiner Großmutter und zu meiner eigenen Zeit, aber sei dir sicher, ich komme in Würde zu dir. (*Sie beginnt wieder von vorne.*) Mein Name ist »Saved from the Sea«. Ich werde niemanden verletzen … (*Usw.*)

WÄCHTER 1 Was sagt sie?

WÄCHTER 2 Ich weiß es nicht.

WÄCHTER 1 *(hebt einen Schuh auf)* Da ist ein Toter.

WÄCHTER 2 *(öffnet einen Koffer; Leere)* Da ist ein anderer Toter. (*Schaut zu SARA.*) Und eine Lebende.

WÄCHTER 1 Was sagt sie? Es klingt wie ein Gesang?

WÄCHTER 2 Ich weiß es nicht. Ich verstehe nie, was sie sagen. (*Zu SARA:*) Wer bist du? Woher kommst du? Hey! Antworte! Keine Antwort. Vielleicht ist sie doch tot.

WÄCHTER 1 Ein tanzendes Mädchen kann nicht tot sein.

WÄCHTER 2 Jeder kann tot sein, ohne es zu wissen. Die Welt ist voller toter Menschen, die nur nicht begriffen haben, daß sie gestorben sind … Was sagt sie?

WÄCHTER 1 Sie tanzt.

WÄCHTER 2 Nein, nein, sie spricht …
WÄCHTER 1 Schau!
WÄCHTER 2 Was?
WÄCHTER 1 Ihre Füße. Ihre Füße …
WÄCHTER 2 Ich kann nichts erkennen.
WÄCHTER 1 Es schien als wären sie bemalt … Nein, es war nur Einbildung … Ich bin wohl müde.

Szene 5

(Die zwei Wächter verwandeln sich in Beamte.)

Untersuchungsbeamter Der nächste. Wer ist der nächste? Niemand? Du bist die nächste. Wie heißt du? Dein Name? Name? Nomen? Namn, Navn?

Sara Ich habe keinen Namen.

Untersuchungsbeamter Ich brauche jemanden zum Übersetzen ... Wie heißt du? Woher kommst du?

Sara Ich habe keinen Namen.

Übersetzer Sie sagt, sie hat keinen Namen.

Untersuchungsbeamter Woher kommt sie?

Übersetzer »Where do you come from?« (*Sie antwortet in ihrer Sprache.*) Sie sagt, sie kommt aus dem Meer.

Untersuchungsbeamter Aus dem Meer?

Übersetzer Sie spricht eine sehr seltene Form von Bantu. Vielleicht kommt sie aus der Nähe des Regenwaldes, vielleicht aus dem Kongo.

Untersuchungsbeamter Was sagt sie?

Übersetzer Etwas über Traurigkeit ... Nein, sie spricht über Sand, nicht Traurigkeit ... ihr Vater wurde getötet, weil er an einen falschen Gott glaubte. Wie kann ein Gott so falsch sein, daß jemand dafür getötet wird ... und sie mußte um ihr Leben rennen ... sie war viele Tage und Nächte unterwegs ... sie mußte ihre Seele verkaufen ... nein, ihren Körper, für Geld, um weiterzukommen.

Untersuchungsbeamter Frage sie, warum ich ihr glauben sollte.

(Der Übersetzer fragt sie in dieser seltsamen Sprache und bekommt eine Antwort.)

Untersuchungsbeamter Was hat sie gesagt?

Übersetzer Sie fragt sich, warum Sie ihr die ganze Zeit auf die Brust starren.

Untersuchungsbeamter Was?

Übersetzer Sie ist nur neugierig, sie will nur wissen warum. Sie ist glücklich, wenn Sie sie mögen, sie will für Sie schön sein, sie wundert sich nur ...

Untersuchungsbeamter Ich bin derjenige, der neugierig sein muß, nicht sie. Ich bin derjenige, der die Fragen stellt, nicht sie. Darum geht es. Wo ist ihr Paß?

Übersetzer Sie hat keinen Paß.

Untersuchungsbeamter Frag sie, woher sie kommt.

Übersetzer Sie sagt, sie kommt aus China.

Untersuchungsbeamter China? Eine schwarze Chinesin ... O mein Gott! Frag sie, welche Farbe ihre Haut hat.

Übersetzer Sie sagt, sie ist schwarz.

Untersuchungsbeamter Und es gibt keine schwarzen Chinesen!!!

Übersetzer Sie sagt, es gibt Ausnahmen. Ihr Vater kommt aus Kurdistan.

Untersuchungsbeamter Und was hat ihr Vater in Kurdistan gemacht?

Übersetzer Geschäfte.

Untersuchungsbeamter Aber es existiert kein Kurdistan. Das ist genau der Grund, warum die Kurden Kurdistan verlassen. Warum sie hier um Asyl ansuchen!

Übersetzer Sie wundert sich, wie es denn möglich sei, ein nicht existierendes Land zu verlassen.

Untersuchungsbeamter Ich sollte sie zurückschicken, genau in diesem Moment, wegen ihrer Lügen. (*Er nimmt seine Teetasse in die Hand.*) Wie ist ihr Name?

Übersetzer Sie sagt, Tea-Bag.

Untersuchungsbeamter Tea-Bag? Tea-Bag? Was soll denn das für ein Name sein? Niemand heißt so. Tea-Bag ... Geh jetzt und nimm sie mit. Geht, geht schon!! Nein, warte. Ich will ihren Paß sehen.

ÜBERSETZER Sie hat keinen Paß. Sie will Ihnen aber das geben. (*Gibt dem Untersuchungsbeamten etwas.*)

UNTERSUCHUNGSBEAMTER Was ist es?

ÜBERSETZER Es sieht wie ein blauer Schmetterling aus.

UNTERSUCHUNGSBEAMTER Er ist tot.

ANA Das stimmt nicht.

ÜBERSETZER *(hört Anas weitere Gedanken, ohne daß sie spricht; übersetzt)* Er ist blau und er ist tot? Es ist der Teil meines Herzens, der meinen Körper verlassen hat. Mein Herz schickt blaue Schmetterlinge aus, die für mich einen Platz suchen, wo ich bleiben kann, wo ich willkommen bin.

UNTERSUCHUNGSBEAMTER Wir können diese Leute nicht in unsere Welt, in unser Land lassen. Wir können keine Leute reinlassen, die wir nicht verstehen. Wir können keine blauen Schmetterlinge reinlassen ... Wir können einem blauen Schmetterling kein Asyl gewähren. Hast du jemals einen toten blauen Schmetterling mit Paß gesehen? O mein Gott, ich werde durch diese Geschichten noch komplett verrückt, all diese Schmetterlinge, all diese Koffer, all diese Schuhe ...

Szene 6

Mister Molumbo *(öffnet einen Koffer voll mit Schuhen, holt einen Männerschuh hervor)* Jemand hat diesen Schuh verloren. *(Er bekommt keine Antwort; so zieht er seinen eigenen aus und den fremden an. Ana ist da.)* Ich kann dir bei deiner Flucht helfen.

Ana Wer bist du?

Mister Molumbo Mister Molumbo. Aber man nennt mich Kolumbus. Ich helfe Menschen, neue Wege zu entdecken. Neue Lösungen. Wohin willst du? England? Schwierig, aber möglich. Deutschland? Nicht so schwierig, aber immer noch nicht einfach. Skandinavien? Schweden ist leicht, aber Norwegen sehr schwierig. Wie viel Geld hast du? Es gibt dieses seltsame Gesetz auf Erden: Wenn du viel Geld besitzt, sind die Wände nicht so hoch … Verstehst du, was ich meine?

Ana Ich habe nicht viel.

Mister Molumbo Sehr schade … Wie viel?

Ana So viel! *(Gibt ihm einen Schuh.)*

Mister Molumbo Stell meine Geduld nicht auf die Probe! Es gibt genügend andere, denen ich helfen könnte, Leute mit Geld.

Ana Es ist etwas im Schuh.

Mister Molumbo Der Schuh ist leer. Da ist nichts? Leere. *(Hält sein Ohr an den Schuh und hört die Geschichte, die er, als Sprachrohr, direkt erzählt.)*

Ich bin mit einer Freundin hierher gekommen, ich habe überlebt, ich bin nach Europa gekommen und stecke in einem Gefängnis fest. Ich bin nun seit einem Jahr hier und warte, worauf? Ich weiß es nicht. Ich muß hier raus. All diese Menschen sind von überallher gekommen, wir sind gekommen, um frei zu sein. Aber wir trafen nur auf Hunde und Männer mit traurigen und müden Augen und Gewehren in den Händen. Ja, ich habe überlebt. Aber dann, was? Auf der anderen Seite der Mauer sehe ich das Meer, das mich beinahe getötet hätte. Und nun? Das Meer lacht mich aus. Ich habe überlebt, aber wofür? *(Wirft den Schuh weg und ist wieder er selber.)*

Ach, ich habe das schon so oft gehört! Immer wieder dieselbe Geschichte. All diese Menschen mit ihren verschiedenen Sprachen und Kleidern und Schuhen und Füßen und ihren schrecklichen Erfahrungen und ihrem Schweigen. Ja, vor allem dieses Schweigen. Ich hätte nie gedacht, daß Leute soviel Schweigen in sich haben können. Was findest du in diesen Koffern, wenn du sie öffnest? (*Öffnet einen Koffer.*) Was siehst du?

ANA Nichts.

MISTER MOLUMBO Falsch. Schau genauer! Leere. Und Schweigen. In diesem Koffer sind keine Kleider, keine Schuhe, keine Bücher, da ist gar nichts, nur Schweigen, nichts als der Geruch von Schweigen. Ich kann diesen Koffer kaum vom Boden heben. Setz den Koffer auf deinen Kopf. Ich bin so müde von all diesen Geschichten, all diesem Schweigen, den Koffern und den Schuhen. Erzähl mir doch etwas anderes. Ich kann dir helfen, ja ich kann dir helfen, aus dem Lager zu kommen. Aber erzähl mir erst etwas, was ich noch nicht kenne.

ANA Ich habe kein Geld.

MISTER MOLUMBO Du hast zuvor gesagt, du hättest welches. Nicht viel, aber doch etwas. Ist ja auch egal, ich will nichts.

ANA Ich weiß, was du willst, aber du wirst es nicht bekommen.

MISTER MOLUMBO Es gibt andere. Sieh nur.

(MISTER MOLUMBO *öffnet einen anderen Koffer. Darin ist ein Spiegel, der das Licht reflektiert.*) Sieh nur! Dein Gesicht. Oder vielleicht ist es gar nicht dein Gesicht? Vielleicht das von jemand anderem? Vielleicht hast du deines zwischen all deinen erfundenen Identitäten verloren? Zwischen all deinen gefälschten Pässen, zwischen all deinen Namen, deinen Nationalitäten, deinen Gesichtern. Es gibt genügend andere, die mir das geben werden, was ich will, nur damit ich ihnen helfe. Sieh dir doch einmal dein Leben an! Was hast du denn, außer mir? Du hattest Glück, vor allem viel Glück. Du bist nicht ertrunken, oder? Du hast lebend diesen morschen Kahn verlassen. Du atmest ihn noch, den Geruch, den Geruch aus dem Bauch des Schiffes, nicht wahr?

ANA Den Geruch der Angst.

MISTER MOLUMBO Freiheit, nicht Angst. Erste Lektion des Lebens: Sogar Freiheit kann stinken! Freiheit kann nach Scheiße stinken! Es war sehr dunkel, da unten, im Bauch des Schiffes: All diese Leute, die du nicht kanntest, mit all ihren Träumen. Du konntest sie kaum erkennen, dort in der Dunkelheit der Küste, der marokkanischen Küste, wo ihr alle wie verschreckte Kaninchen zu den Rettungsbooten ranntet, die euch zum Schiff brachten. Erinnerst du dich nicht?

ANA Ich erinnere mich an etwas anderes.

MISTER MOLUMBO (*wartet*) Es scheint, als ob du Angst hättest, es mir zu erzählen?

ANA (*wie ein Sprech-Blues*) Da war ein junger Mann. Ich glaube, er kam aus Nigeria. Oder vielleicht war es Burkina Faso. Ich erinnere mich nicht mehr. Er murmelte die ganze Zeit, er flüsterte, er bat seine Ahnen, ihm über das Meer zu helfen. Soviel ich verstanden habe, hatte er schon siebzehnmal versucht, nach Europa zu kommen. Aber er wurde immer wieder zurückgeschickt. Er hatte Angst, so wie wir alle, aber da war eine andere Stimme in ihm, ich kann dir nicht sagen, was es war, es war nicht nur Angst, es war der Kuß des Todes. Aber auf einmal kam einer der Schlepper, zog ein Messer und schnitt ihm die Kehle durch. »Das blüht euch allen, wenn ihr nicht bezahlt«, sagte er. Der junge Mann lag blutend im Sand, ich sah sein Gesicht im Licht der Lampe, es schien eher wie ein Schauspiel, die letzten Minuten eines ekelerregenden Schauspiels, das Spiel unserer Zeit, in dem der letzte Schauspieler stirbt, bevor der Vorhang fällt. Und obwohl er schon tot war, bewegten sich seine Lippen immer noch, als ob er seine Ahnen weiter bitten würde, ihm zu helfen.

MISTER MOLUMBO Das passiert. Sogar Leben und Tod müssen ausgehandelt werden. Ich möchte immer noch wissen, wohin du willst.

ANA Ich habe kein Geld, und ich werde mich nicht von dir ficken lassen.

MISTER MOLUMBO Ich mag diese Ausdrucksweise nicht. Zeig mir mehr Respekt. Ich will dir nur helfen.

ANA Du bist doch einer von diesen Aasfressern, nicht wahr? Einer von denen, die von unserer Angst leben. Wie fühlt es sich denn so an, den Magen vollgeschlagen mit der Kost der Angst?

MISTER MOLUMBO Ich stehe auf deiner Seite.

ANA Die einzige Seite, auf der du stehst, ist deine eigene.

MISTER MOLUMBO Wessen beschuldigst du mich? Ich helfe Menschen wie dir.

ANA Wir müssen zahlen. Mit Körper und Seele anstelle des Geldes, das wir nicht haben.

MISTER MOLUMBO Ich bin genau wie du hier angekommen. Über das Meer. (*Er nimmt einen Schuh vom Boden.*) Leer wie deiner. Ich kam aus der Wüste mit meiner Mutter Amaia und meinen zwei Brüdern Sirt und Noe. Das Boot kenterte, und meine Mutter konnte nicht schwimmen, ich versuchte, sie an der Hand zu halten, aber ich war nicht stark genug. Meine Brüder wurden zurückgeschickt, aber ich konnte bleiben, ich war in diesem Lager und entschloß mich, niemals zurückzukehren. Ich würde diesen Menschen helfen, ich bin auf der Welt, um dir zu helfen. Verstehst du? Wenn ich schlief, konnte ich diesen Klang hören …

ANA Welchen Klang?

MISTER MOLUMBO Das willst du doch gar nicht wissen …

ANA Ich will es wissen.

MISTER MOLUMBO Es waren Ketten, der Klang von Ketten. Unsichtbare Ketten, als ob wir alle Sklaven wären. Doch nicht versklavt von eisernen Ketten, sondern von unseren eigenen Träumen – moderne Sklaven mit unsichtbaren Ketten. Jede Nacht segeln diese laternenlosen Schiffe vorüber, voll mit Menschen, die von einem besseren Leben träumen. Träume die ihre Körper umketten.
Ich weiß, ich weiß! Europa hat uns fallen gelassen, bevor wir überhaupt ankamen.

SZENE 7

(Der AGENT kommt herein.)

AGENT Kann hier jemand steppen? Wir brauchen eine weibliche Stepptänzerin für eine spektakuläre Show in Barcelona.

(ANA mit Steppschuhen.)

AGENT Ah, und du kannst tanzen.

ANA Ja.

AGENT Dann zeige es mir!

(ANA macht einen Steppschritt.)

Ist das alles?

(ANA macht einen weiteren Steppschritt.)

Die Jungs in Barcelona sind sehr nett, sie werden auf dich aufpassen.

ANA Deine Augen stinken. Ich werde nicht alleine gehen. Ich will, daß Sara mitkommt.

AGENT *(als ob er nicht verstanden hätte)* Was hast du gesagt?

ANA Deine Augen stinken nach Lügen. Du sagst mir nicht die Wahrheit. Ich will, daß Sara mitkommt.

Szene 8

(Sara verwandelt sich wieder in die Mutter. Sie ist zornig auf beide, ihre Tochter und den Agenten.)

Mutter Sie versuchen, meine Tochter zu töten. – Verstehst du nicht? –Verschwinden Sie! Gehen Sie, gehen Sie, aber sofort! (*Sie bewirft ihn mit Sand und er verschwindet.*)

Agent Ich gebe diesen Leuten das, was sie sich am meisten wünschen. Ich gebe ihnen Hoffnung, auch wenn es nur die Hoffnung ist, auf einer Straße Zeitungen zu verkaufen. Aber ich kann ihnen helfen, hier rauszukommen. Manche sind seit Jahren hier. Sie sind hier gestrandet, als sei Europa eine unbewohnte Insel. Und nicht nur hier. Sie leben in Lagern am englischen Kanal, sie versuchen, durch den Tunnel nach England durchzubrechen, sie sind überall und sie haben keine Zukunft. Ich bin der Erlöser im Namen Gottes, ich gebe ihnen eine Zukunft. Warum sollte ich also hassen, was ich tue? Das Leben ist etwas, wofür du zahlen mußt. Freiheit ist heutzutage sehr teuer.

Ana Ich gehe.

Mutter Nein.

Ana Ich will deine Stimme nicht hören. Du bist nicht da.

Mutter Ich kann dich in meinen Träumen sehen. Ich habe dir gesagt, was passieren wird.

Ana Ich werde tanzen, nicht sterben. Verschwinde.

Mutter Ich werde niemals gehen. Komm zurück.

Ana Nein! (*Beginnt zu tanzen.*)

Szene 9

Alfredo *(als traditioneller Stepptänzer gekleidet)* Bravo … Gut …

(Ana nickt, sagt jedoch nichts. Alfredo begrüßt sie.) Alfredo. Alfredo junior. Ich soll auf Sie aufpassen.

Ana Nein!

Alfredo Wie zum Teufel soll ich mit Ihnen tanzen, wenn ich Sie nicht berühren darf?

Ana Ich dachte, Sie wären jemand anderes.

Alfredo Sind wir das nicht alle? Jemand anderes? Manchmal bohre ich mir ein kleines Loch in den Arm, nur ein kleines, damit ich mein Blut sehen kann. Und dieses Blut ist wie ein Spiegel, ja Mädchen, ein Spiegel. Oder ein Buch. Ja, ein Buch. In das all meine Ahnen ihre Namen geschrieben haben, obwohl sie nicht schreiben konnten. Ich habe argentinisches Blut in meinen Adern, und ebenso russisches und arabisches, und ein kleiner Teil ist von der Großmutter meiner Großmutter, die aus der Normandie stammt. Aber größtenteils bin ich ich selbst und dieses Selbst ist ein Schatten von einem anderen Ich … ich bin wie du, Mädchen, wie du. Ein Mann auf der Flucht. Ich kann mich nicht erinnern. Vielleicht bin ich hier geboren … wir müssen uns nun vorbereiten, wir müssen tanzen.

(Sie tanzen. Ana riecht etwas.)

Kannst du den Geruch spüren? Mit wem ich zuvor getanzt habe?

Ana Was ist mit ihr passiert?

Alfredo Ich weiß es nicht. Ich will nicht darüber reden. Glaubst du an Gott? (*Hält sein Ohr an ihren Mund, um die Antwort zu verstehen.*) Er hat nie zu mir gesprochen. Glaubst du an die Wahrheit? (*Lauscht.*) Glaubst du an das

Gute? (*Lauscht.*) Glaubst du an die Schönheit? (*Lauscht.*) Dann glaubst du auch an Gott …

ANA *(zeigt auf einen Koffer, auf dem »Maria« steht)* Maria?

ALFREDO Vielleicht gehörte er ihr … ich weiß es nicht mehr.

(ANA öffnet den Koffer und nimmt einige Kleidungsstücke heraus. SARA kommt in denselben Kleidungsstücken auf die Bühne, zusammen mit dem AGENTEN. Sie ist nun Maria.)

AGENT Was ist mit dir los? Es ist keine Zeit zum Ausruhen.

MARIA Bitte, geben Sie mir meinen Paß zurück. Ich will wieder nach Hause.

AGENT Es gibt kein anderes Zuhause als dieses hier, verstanden? Du mußt zahlen. Geld für Leben, Geld für Freiheit. Was für Geld hast du denn? Bargeld? Nein, nada. Nada. Und du weigerst dich zu tanzen. Das ist der Grund, warum wir deinen Körper als Kredit nehmen müssen. Die Kunden warten.

MARIA Warum bringt ihr mich nicht um?

AGENT Vielleicht mache ich das noch. Aber nicht, bevor du deine Reisetickets abgearbeitet hast. Die Kunden warten. *(Er wirft ihr einen Haufen Männerschuhe vor die Füße.)*

MARIA Ich kam, um zu tanzen.

AGENT Du bist hierher gekommen, um zu tun, was dir gesagt wird. Keine Sorge. Du wirst schon tanzen. Und während der Nächte wirst du das Bett wärmen. Beruhige dich. Vielleicht ergibt sich was. Vielleicht kann ich dich an jemanden verkaufen. Denk nur nicht nach. Lebe, Tag für Tag. (*Sie beißt ihn.*) Miststück. Wer, glaubst du eigentlich, daß du bist? (*Er stößt sie zu Boden und zieht ein Messer.*) Ich könnte dich töten, du weißt das, jetzt gleich und hier, einfach deine Kehle durchschneiden, deine Ohren abschneiden, deine Nase, ich könnte deine Lippen wegschneiden, willst du, daß ich das tue? Deine Lippen wegschneiden? Ich könnte dich hier und jetzt töten und niemand würde nachfragen, ich könnte dich in das Meer

schmeißen, oder vielleicht sollte ich dich zerstückeln und dich in einen Koffer voller Steine stecken, denn wer sucht schon nach einer Person, die gar nicht existiert? (*Sie findet eine Spielzeugtrompete im Koffer von Maria und bläst hinein.*) Du wirst genau so lange leben, wie ich es will. Weißt du, wovon ich nachts träume? Es ist sehr naiv. Aber ich träume, ich sei eine Spinne. Du weißt warum, nicht wahr? Ich bestimme nicht nur dein Leben, sondern auch den Zeitpunkt deines Todes.
(Sie bläst ihn von der Bühne.)

ALFREDO Du wirst nicht wissen wollen, was geschehen ist. Sie hat die Arbeit verweigert. Nein, warum habe ich das gesagt, »die Arbeit verweigert«? Sie hat es verweigert, zehnmal am Tag vergewaltigt zu werden. Sie verweigerte, ja sie verweigerte zu leben. Einer der Männer, der sie gekauft hat, schüttete ihr Säure ins Gesicht. Ihre Augen waren weggeätzt, ihre Lippen, alles. Aber sie starb nicht. Sie schrie, als ob sie selbst der Schrei sei. Ich hoffe, daß sie gestorben ist. Ich will nicht, daß das Ende von ihrer Geschichte der Beginn von deiner wird … Wir müssen jetzt tanzen. Wir müssen für uns selbst entscheiden, was wir wissen wollen und was wir vergessen müssen …

Szene 10

(Alfredo geht weg. ANA *ist alleine, dann kommt* SARA. *Im Flüchtlingslager.)*

SARA Wir müssen hier weg. Wie lange sind wir schon da?
ANA *(wirft einige Muscheln auf den Boden und zählt sie)* Fünfzehn Wochen, zwei Tage, zwei Nächte und dreizehn Stunden. Wenn ich sterbe, will ich, daß du mich im Meer begräbst.
SARA Wir werden nicht sterben.
ANA Ich. Kann. Nicht. Leben. Ohne. Eine. Hoffnung.
SARA Es gibt zwei nigerianische Männer und einen aus Kasachstan, sie werden heute nacht versuchen, über die Mauer zu klettern. Sie haben eine Leiter aus zerbrochenen Stühlen und Tischen gebaut. Sie werden uns zwar nicht mitnehmen, aber sie werden die Leiter zurücklassen. Eine Stunde später können wir sie verwenden.
ANA Ja!!! Fort von hier!!! Es muß ein Woanders geben, ein Woanders, ohne Mauern, ohne Hunde …
SARA Hast du ihre Zungen gesehen?
ANA Von den Wachen?
SARA Von den Hunden. Sogar ihre Zungen sind weiß. Ich will nicht, daß ich von weißen Zähnen gebissen werde, und daß mein Blut von weißen Zungen aufgeleckt wird. Ich muß hier raus. Ich habe jegliches Zeitgefühl verloren. Vielleicht sind wir in diesem Lager geboren, vielleicht war die Küste auf der anderen Seite der Mauer die Decke, in die mich meine Mutter nach der Geburt wickelte. Diese Küste, einst war sie das Zeichen für Freiheit, nun ist sie das Tor zum Tod. Es ist, als ob dieser Kontinent mit bloßem Finger auf mich zeigt und will, daß ich ins Meer zurückkehre und ertrinke. Heute nacht.

(Nacht. Die zwei Mädchen versuchen zu entkommen. Aber nur ANA schafft es; SARA bleibt zurück.)

ANA Was ist los? Komm schon! Klettere hier lang!

SARA Ich kann nicht.

ANA Es war verdammt noch mal deine Idee. Klettere!

SARA Ich habe Angst. Ich kann nicht. Geh nur.

ANA Ich werde nicht ohne dich gehen.

SARA Geh! Ich werde dich schon finden. Später – ich verspreche es. Wo immer du auch bist, ich werde dich finden.

ANA Wenn du bleibst, bleibe ich auch.

(Hunde werden hörbar.)

SARA Verschwinde, die Hunde kommen, geh schon. (*Sie nimmt die Leiter fort.*) Geh! Geh schon!

(ANA ist allein.)

Szene 11

Schauspieler 1 *(spricht mehr oder weniger direkt zum Publikum)* Sie wurde eine Art Heilige im Lager. Man sagt, daß sie über die Mauer geflogen sei, daß ihr die unsichtbaren Hände all der Ertrunkenen, die es nicht nach Europa geschafft haben, über die Mauer geholfen haben. Sie war einfach verschwunden. Bis zu dem Tag, als sie wieder sichtbar wurde und ein kleines Geschäft in einer französischen Stadt betrat. Ein Afrikaner arbeitete in diesem Geschäft. Es war ein Tag, so heiß, daß die Mittagssonne die leere Straße widerspiegelte.

(Schauspieler 1 verwandelt sich in Zacharias. Ana kommt, hungrig, vielleicht schmutzig, mit einem lädierten Koffer.)

Zacharias Hey? Was machst du da?

Ana Ich bin hungrig. Aber ich habe kein Geld. Haben Sie einen Hund mit weißer Zunge hinter sich versteckt?

Zacharias Ich habe keinen Hund. Du kannst mir vertrauen.

Ana Ich kann niemandem vertrauen. Nicht einmal mir selbst. Ich bin aus einem spanischen Flüchtlingslager geflohen.

Zacharias Wie bist du hierher gekommen?

(Ana zeigt auf ihre Füße.)

Zacharias Jesus! Wie lange warst du unterwegs?

Ana Vielleicht tausend Jahre oder mehr.

Zacharias Wie heißt du?

Ana Tea-Bag.

Zacharias Tea-Bag ... Wenn du so eine lange Wanderung hinter dir hast, dann bist du von nun an meine Tochter. Monsieur le Patron wird bald von seiner Siesta zurückkommen. Da er ein Weißer ist, erträgt er nur eine schwarze Person zur selben Zeit. Du darfst dich hier nicht sehen lassen, wenn er kommt. Zwei Schwarze sind immer zuviel.

ANA Wie heißt du?

ZACHARIAS Zacharias. Ich wurde nach dem Bruder meiner Mutter benannt, der einst in die Wüste zog, nachdem er von einem Berg geträumt hatte, den er dann unbedingt finden wollte. Er ging, und man hörte nie wieder etwas von ihm. Aber ich glaube, daß er seinen Berg gefunden hat, und daß er so schön war, daß er sich entschloß, für immer dort zu bleiben. Vielleicht hat er den Berg geöffnet, eine Höhle gegraben und lebt noch immer dort. Was weiß ich schon, oder was wissen die anderen? Hast du eine Vorstellung, wo du hinwillst?

ANA Ich suche einen Ort, wo die Straßen und Häuser langsam und ruhig atmen, ohne Angst ...

ZACHARIAS Ich habe nie von einer solchen Stadt gehört.

ANA Vielleicht ist es ein Land?

ZACHARIAS Ich habe nie von einem solchen Land gehört. Warum suchst du einen Ort, der nicht existiert? Willst du etwas Käse?

ANA Ja, bitte.

ZACHARIAS Das ist alles, was wir in diesem Geschäft haben. Käse. Schau ihn dir an. Diesen verfluchten Käse! Nimm diesen, der stinkt nicht. Aber wenn einer hier reinkommt, mit einer Waffe in der Hand, und mich ausrauben will, öffne ich einfach diese Vitrine, und schon läuft er davon. Hier habe ich einen Käse, der Limburger heißt und der stinkt, als ob ein Elefant Schlangen geschissen hätte. Weißt du jetzt, was ich meine?

ANA Ja.

ZACHARIAS Nein, das weißt du nicht. Aber du bist nett. Hast du jemals mit einem Mann geschlafen?

ANA Darauf antworte ich nicht.

ZACHARIAS Und wie war es? Nein, antworte nicht. Es geht mich nichts an. Noch etwas Käse?

ANA Nein, danke.

ZACHARIAS Dort, wo du hingehst, wartet da jemand auf dich?

ANA Mein Vater sagte mir, bevor er umgebracht wurde, daß, egal wo man hingeht, immer jemand auf einen wartet.

ZACHARIAS Stimmt nicht, stimmt überhaupt nicht. Das ist Vater-redet-nett-zu-seiner-Tochter-Scheiße.

ANA Ist der Käse dein Leben?

ZACHARIAS Herr im Himmel, nein! Käse? Ich hasse diesen verfluchten Käse. Ich verkaufe ihn, das ist alles. Ich würde lieber sterben, als ein Stück von diesem Käse in den Mund zu nehmen. Aber ich habe ein Ziel, und der Käse wird mich dorthin bringen.

ANA Welches Ziel?

ZACHARIAS Das willst du gar nicht wissen.

ANA Doch. Ich bin deine Tochter.

ZACHARIAS Eines Tages werde ich eine Leichenhalle eröffnen.

ANA Ich weiß nicht, was das ist.

ZACHARIAS Vielleicht weißt du es nicht. Oder vielleicht willst du es nicht wissen, weil du Angst vor dem Tod hast.

ANA Jeder hat Angst vor dem Tod.

ZACHARIAS Ich nicht. Eine Leichenhalle ist ein geheiligter Ort, wo die Toten liegen, bevor sie begraben werden. Ein Raum voller Eis, wo die Sonne die Toten nicht berühren kann, wo sich die Körper in Frieden und kalter Stille ausruhen, nach dem Kampf zwischen Leben und Tod, den sie verloren haben.

ANA Warum willst du so ein Haus voller Eis und Tod besitzen?

ZACHARIAS Ich will den Toten noch eine Zeit zum Ausruhen

schenken, bevor sie sich zum letzten Mal zur Erde neigen und dann verschwinden.

ANA Ich glaube zu verstehen.

ZACHARIAS Das glaubst du auch bloß. Aber du wirst es vielleicht einmal verstehen. Wenn du nicht von dem Land, das auf dich wartet, aufgefressen wirst. Länder können wie Räuber sein, Räuber mit tausend Mäulern und tausend Zungen. Mädchen, sei vorsichtig. Meine Tochter, sei vorsichtig. Du gehst jetzt besser, bevor Monsieur le Patron kommt. Nimm diesen Käse. Du bist sehr schön, meine Tochter. Wenn du gehst, kann ich dich nicht mehr beschützen.

ANA Ich habe keine Angst.

ZACHARIAS Doch, die hast du. Vergiß nicht, daß du in einer Welt lebst, wo du ein Niemand bist.

ANA Warum hinkst du?

ZACHARIAS Weil ich nur so viel Kraft habe, eines meiner Beine mit Mut zu füttern. Geh jetzt. Geh. Verschwinde. Im Namen meines Käses, geh! *(ZACHARIAS verwandelt sich wieder zurück in den SCHAUSPIELER.)* Wohin ist sie nach alledem gegangen? Ich weiß es nicht, niemand weiß es ...

SZENE 12

(ANA ist per Autostopp unterwegs. Ein Lastwagen hält an.)

LKW-FAHRER 1 Wohin willst du?

ANA Weiter.

LKW-FAHRER 1 Du wirst mich weder erstechen noch ausrauben?

ANA Wenn du mich anfaßt, beiß ich dich.

LKW-FAHRER 1 Ich greife doch nicht so einen schwarzen Teufel wie dich an. Spring rein.

ANA Ich reise nicht mit so weißen Teufeln wie dir.

LKW-FAHRER 1 Komm jetzt rein, oder ich fick dich gleich hier auf der Straße.

ANA Faß mich ja nicht an, wage es nicht, mich anzufassen.

LKW-FAHRER 1 Fick dich.

ANA Fick dich selber.

(Ein kurzer Kampf, eine unterbrochene Vergewaltigung. Das Autostoppen geht weiter. Ein weiterer LKW-FAHRER hält an.)

LKW-FAHRER 2 Wohin willst du?

ANA Weiter.

LKW-FAHRER 2 Wo soll das sein?

ANA Faß mich ja nicht an.

LKW-FAHRER 2 Keine Sorge. Und mir ist es auch egal, wohin du willst, aber du solltest hier nicht mitten in der Nacht so alleine herumstehen. Das könnte gefährlich sein.

ANA Diese Gefahren kenne ich schon.

LKW-FAHRER 2 Sicher nicht alle. Komm jetzt. Wenn du müde bist, kannst du schlafen. Keine Sorge, ich werde dich nicht anfassen.

(Als ob Zeit vergangen wäre.)

ANA Wo bin ich?

LKW-FAHRER 2 Ich werde dich hier rauslassen. Ich muß abladen.
ANA Ich bin wohl eingeschlafen.
LKW-FAHRER 2 Du hast die ganze Nacht geschlafen.
ANA Wo bin ich?
LKW-FAHRER 2 Ich muß dich hier rauslassen.
ANA Vielen Dank.
LKW-FAHRER 2 Wofür? Dank dem Lastwagen, nicht mir.

Szene 13

(Ana ist nun mit sich selbst alleine. Plötzlich erscheint der Schatten ihrer Mutter/Sara, aber um einiges älter.)

Ana Großmutter ... Sheba?

Mutter Sie ist tot, schon lange. Das weißt du doch, oder hast du den Verstand verloren seit du weg bist? Ich habe es dir doch gesagt, oder etwa nicht, daß du nicht gehen sollst. Sieh dich nur an. Bald wirst du tot sein, und ich werde nicht einmal wissen, wo du begraben bist.

Ana Ich will heim.

Mutter Natürlich willst du das.

Ana Als ich in diesem Lastwagen schlief, hatte ich einen Traum.

Mutter Das ist das einzige, was ich nicht sehen kann.

Ana Was?

Mutter Ob du schwanger bist oder nicht.

Ana Es fühlt sich an, als ob mein Körper voller toter Kinder sei.

Mutter *(schlägt sie)* Sprich nicht so.

Ana Es tut mir leid.

Mutter Ich bin nur gekommen, um mich von dir zu verabschieden.

Ana Nein!

Mutter Könntest du mich einmal nur ausreden lassen, ohne mich zu unterbrechen? Ich komme, um mich zu verabschieden, weil ich sterbe.

Ana Du stirbst nicht. Das konnte ich an deiner Ohrfeige spüren.

Mutter Ja, noch habe ich meine Kräfte. Aber ich werde mich zur Erde neigen, sie ruft mich. Ich kann die Hände der Erde und der Bäume fühlen, die mir zuflüstern: Es ist

Zeit zu kommen, Zeit um auszuruhen. Vielleicht bin ich schon tot und ich habe es noch gar nicht bemerkt, oder vielleicht habe ich mein Begräbnis vergessen. Ich weiß es nicht, aber nun muß ich mich verabschieden.

ANA Du wirst nicht sterben. Du wirst ewig leben.

MUTTER Warum widersprichst du mir immer? Warum kannst du mich nicht sterben lassen, wenn ich es will?

ANA Ich kann ohne dich nicht überleben.

MUTTER Du mußt. Eines Tages mußt du zurückkehren. Wenn schon nicht, um hier zu leben, dann um hier zu sterben.

ANA Bitte, bleib ... Geh nicht!

Szene 14

(Die MUTTER *verschwindet.* ANA *öffnet einen Koffer und kramt billige Plastikfiguren heraus, um sie auf ein Kleidungsstück zum Verkauf zu legen. Wir stellen uns hier einen Straßenverkauf vor.)*

ZORNIGER BÜRGER 1 Wie viel?
ANA Zwei Euro, Vier Euro.
ZORNIGER BÜRGER 1 Können sie sprechen?
ANA »Mama«, »Papa«.
ZORNIGER BÜRGER 1 Ich kaufe sie.
ANA Alle?
ZORNIGER BÜRGER 1 Du hast gehört, was ich gesagt habe. Pack sie ein.
ANA Hundertzwölf Euro.
ZORNIGER BÜRGER 1 Ich gebe dir hundertfünfzehn. Pack sie in eine Plastiktüte.
*(*ANA *macht, was ihr gesagt wurde. Sie packt alles in eine Plastiktüte und will das Geld nehmen. Aber er steckt das Geld wieder ein und stampft mit dem Fuß auf die Tüte.)*
ANA Was machen Sie da? Geben Sie sie mir zurück! Aufhören!
ZORNIGER BÜRGER 1 Was gibt dir das Recht, hier zu sein?
ANA Bitte, tun Sie das nicht!
ZORNIGER BÜRGER 1 Wir brauchen keine Leute wie dich, die uns diese Scheiße verkaufen.
ANA Ich will mein Geld.
ZORNIGER BÜRGER 1 Geh zurück, wo du herkommst.
ANA Mein Geld!
(Sie beginnt ihn zu schlagen. Eine Sirene heult, sie rennt weg.)
ZORNIGER BÜRGER 2 Was ist hier los?

ZORNIGER BÜRGER 1 Ich habe versucht, eine illegale Immigrantin zu überführen.

ZORNIGER BÜRGER 2 *(sieht, was zurückgeblieben ist)* Gelbe Enten und blaue Wale. Vielleicht ist sie eine Terroristin?

(Beide Männer gehen ab. ANA und SARA kommen auf die Bühne.)

Szene 15

Ana Ich habe nicht daran geglaubt, dich jemals wiederzusehen. Wie hast du mich gefunden?

Sara Ich bin nur deinen Fußspuren gefolgt.

Ana Ich hab doch keine Fußspuren hinterlassen?

Sara Da war ein Schrei auf einer schmalen, staubigen Straße, einer deiner müden Atemzüge hing von einem Baum. Ich wußte, als ich es endlich wagte, über die Mauer zu klettern, daß ich dich so finden würde.

Ana Es ist schon lange her, seit …

Sara Laß mich dein Gesicht ansehen. Du bist blaß.

Ana Aber ich lebe noch.

Sara Hast du um Asyl angesucht?

Ana Sie würden mich doch rausschmeißen.

Sara Das können sie nicht. Du mußt ihnen erzählen, was mit deinem Vater passiert ist.

Ana Sie glauben nur meinen Lügen. Sie wissen, daß ich aus dem Lager in Spanien geflohen bin. Sie wissen, daß du ebenfalls davongelaufen bist. Es gibt keine Lösung … Aber ich habe beschlossen, es trotzdem zu schaffen.

Sara Wie denn?

Ana Gelbe Enten.

Sara Wovon sprichst du?

Ana Von meiner Vergangenheit.

Sara Hast du gestohlen?

Ana Nein.

Sara Nicht viel?

Ana Nur ein bißchen.

Sara Schande über dich.

Ana Schande über mich.

Sara Wo lebst du?

Ana Im »Haus des Mannes mit den roten Haaren«.

Sara Wer ist das?

Szene 16

(Ein Mann mit feuerrotem Haar betritt die Bühne.)

Jonathan Das bin ich. Jonathan, mit einem Nachnamen, den ich vergessen habe. Wer ist das?

Ana Meine Schwester.

Jonathan Wirklich? So unglaublich nett. Ich habe eine neue Unterkunft für euch. Herr und Frau W. sind auf ihrem jährlichen Urlaub in Nizza. Sie werden für drei Wochen dort bleiben. Nur am Montag, morgens zwischen acht und neun Uhr müßt ihr aus dem Haus, ohne Spuren zu hinterlassen. Um diese Zeit kommt die Schwester von Frau W., Frau K.. Sie kümmert sich um das Haus, gießt die Blumen und kontrolliert, daß es keinen Wasserrohrbruch gibt. Sonst könnt ihr darin bleiben, so lange ihr wollt. Ich werde euch heute nacht zeigen, wo es ist. Unglaublich nett, deine Schwester kennenzulernen.

Sara Wer ist das?

Ana Einer von den anderen.

Sara Und wer sind die?

Jonathan Es gibt einige Leute, die euch sehen. Für die ihr nicht unsichtbar seid, und die euch helfen.

Ana Diese Häuser, die du findest, diese leeren Häuser ...

Jonathan Ja, die leeren Häuser. Die sind für euch.

Ana Aber wer bist du? Warum machst du das?

Jonathan Ach, Mädchen, so viele Fragen ... (*Er nimmt einen Salzstreuer aus seiner Tasche.*) Ich werde dir jetzt die Antwort meines Herzens geben. Wir brauchen dafür Musik, ein bißchen zeitlose Musik »Creole Love Call«, bitte, spiel. (*Musik: »Creole Love Call«.*). Einst sah ich einen Mann am Tisch eines Restaurants sitzen. Er bestellte ein Omelett, ich glaube mit Champignons, oder war es Spargel, ich bin mir nicht mehr sicher. Er bekam sein Essen, kostete es und befand, daß noch etwas Salz fehlte. Er nahm den Salzstreuer, und was passierte? Nichts. Nichts. Erst war er noch sehr ruhig und schüttelte den Streuer mit geduldigen Bewegungen, doch dann wurde er immer frustrierter. Er versuchte, ihn zu öffnen, aber er schaffte es nicht. Für einen kurzen Moment dachte ich, er gäbe auf. Ich sah seine Augen, sie blickten auf den anderen Tisch, aber er war ein heldenhafter Mann und kämpfte weiter mit seinem Streuer. Es war, als ob ich einem Gladiator zusehen würde, einem Mann, der mit einem Bären um sein Leben kämpft, aber kein Salz auf dem Omelett, kein Salz, und irgendwann während des Kampfes begann er zu reden. Ja, er sprach, und ich dachte erst, daß er zu sich spräche, doch dann erkannte ich, daß er zu der ganzen Welt sprach – eine Rede an die Welt. An die europäische Welt. Er hatte einen ganz bestimmten Dialekt, als ob er aus den Bergen käme, aber er sah nicht wie ein Bauer aus, er war elegant angezogen, vielleicht war sein Gesicht sogar gepudert, seine Haare waren graumeliert, seine Augen halbgeschlossen, aber er sprach mit solcher Kraft, daß jeder still war, sogar der Kellner. Es war ein Moment der absoluten Kontrolle, einer dieser Tage, wo Europa den Atem anhält, ein Moment ohne Wolken am Himmel, einer dieser seltenen Tage der Erfülltheit. Was hat er gesagt? Nur wenig, aber immer wieder. Es war unglaublich faszinierend, ihn sich selbst wiederholen zu hören, als ob es eine religiöse Messe sei, als ob das Restaurant sich in eine Kathedrale verwandelt hätte, als ob, als ob ... Er sagte: Das kann nicht sein, unsere Welt kann nicht funktionieren, wenn nicht einmal die Salzstreuer funktionieren. Das war alles, was er sagte, und noch etwas anderes. Immer und immer wieder, bis die Nacht hereinbrach und das Restaurant schloß. Er hat sein Omelett nie gegessen. Aber tags darauf kam er wieder, bestellte wieder ein Omelett und setzte seinen Kampf mit dem Salz fort. Wenn man ihn sehen will, er wird sogar heute da sein. Ohne es zu wissen, hat er eine politische Partei gegründet, eine Bewegung, stark und beängstigend, die Salzstreuer-Partei …

ANA Und er sagt noch etwas anderes?

JONATHAN Ja. Er hat seine Worte sogar aufgenommen. *(Er öffnet einen Koffer, darin ist ein Grammophon, und er legt eine Platte auf.)*

STIMME *(immer wieder, als ob die Platte hängengeblieben wäre)* Das Boot ist voll. Das Boot ist voll …

JONATHAN Ein gefährlicher Mann, der Salzstreuer-Mann. Und er hat viele Anhänger. Das ist der Grund, warum ich diese leeren Häuser für euch aufstöbere. Es gibt ein Netz, ein unglaublich nettes kleines Netz von Menschen, die Widerstand leisten.

ANA Ich brauche Arbeit. Wir brauchen Arbeit.

JONATHAN Dann mußt du ein anderes Netz von Leuten finden, die dir dabei helfen. Sollen wir jetzt gehen und Herr und Frau W.'s hübsche Wohnung besichtigen?

Szene 17

(Die zwei Mädchen sind allein in einem schönen Haus, einem reichen Haus.)

Sara Ich werde mir einen alten Mann suchen. Einen reichen Mann.

Ana So etwas will ich gar nicht hören. Willst du eine Hure werden? Bist du deshalb geflohen?

Sara Ich bin keine Hure. Ich heirate einen Mann mit Geld. Er wird zu alt sein, um mich im Bett zu belästigen. Ich schenke ihm mein strahlendes Lächeln, und dann stirbt er, und ich bin reich, Schwester. Ich kann meiner ganzen Familie helfen, meinem ganzen Dorf, meinem Land. Keine Hure, Schwester. Kein blödes Mädchen.

Ana So etwas will ich gar nicht hören. Es muß andere Wege geben.

Sara Süße, wir sind Illegale. Verbotene Sterne. Wir sind nicht dazu bestimmt, am nächtlichen Himmel gesichtet zu werden.

Ana Ich werde nicht aufgeben, bis ich sichtbar bin. Nein, ich schaffe es. Aber nicht als Hure, Schwester, nicht so.

Sara Zeige mir eine Alternative.

Ana Das werde ich tun. *(Zeigt ihr eine Tasche.)*

Sara Was ist da drinnen?

Ana Rate!

Sara Gelbe Enten?

Ana Falsch.

Sara Richtig! Ich schätze ... blaue Schmetterlinge. Blaue Schmetterlinge, die einen Blues singen.

Ana Falsch.

Sara Richtig. Muscheln? Geld? Essen? Schuhe? Ah ja, Schuhe, es werden Schuhe sein. Du willst, daß wir tippy-tappytoppy-stepptanzen. Auf der Straße mit unseren Käppis, wo die Leute ihre klitzekleinen Geldmünzchen hineinwerfen können, nicht wahr?

ANA Falsch. Letzte Möglichkeit!

SARA Ich glaube, du hast einen reichen, alten Mann in der Tasche. Für mich.

ANA Um Gottes Willen! Gib's auf. *(Sie öffnet die Tasche, und sie ist voller Handys.)*

SARA Mein Gott. Gott im Himmel!

ANA Gott auf Erden!

SARA Wo hast du die her?

ANA Ich habe meine Finger ausgeschickt, Handys zu suchen, und dann kamen meine Finger mit all diesen wunderbar klingelnden Dingern wieder.

SARA Du stiehlst, du bist ein Dieb? Was soll denn daran besser sein, als einen alten Mann zu heiraten?

ANA Keiner faßt mich an.

SARA Schätzchen, du wirst bald ins Gefängnis wandern. Und was passiert dann? Ein Tritt, Kleine, und raus bist du.

ANA Niemand wird mich ins Gefängnis stecken. Man muß nur vorsichtig sein. Diese Telefone bekommst du überall, und ich verkaufe sie an einen Typen aus Jamaika, der einmal in der Woche vorbeikommt. Er zahlt bar, und er verkauft sie dann an einen anderen Typen aus Prag mit einer polnischen Staatsbürgerschaft, und der bringt sie dann nach Tallinn, wo das genau liegt, weiß ich nicht, aber dort gibt es gute Kunden. Jeder von uns verdient ein wenig daran, und diejenigen, die sie an meine schlauen Finger verlieren, haben genug Geld, sich neue zu kaufen. Es ist ganz einfach. *(Eins der Handys beginnt zu läuten. ANA findet das richtige.)*

SARA Mach das nicht, geh nicht ran.

ANA Warum nicht? *(Meldet sich mit verführerischer Stimme.)*

Ja … Nein, Doktor L. ist heute nicht da … Wann er zurückkommen wird? Er wird nicht zurückkommen. Er ist heute Morgen auf den Mond geflogen. Während er schlief, haben sich seine Arme in Flügel verwandelt. Er ist gerade weggeflogen, ich fürchte, Sie müssen sich einen neuen Arzt suchen, um ihre sexuellen Probleme zu lösen … Tschau. (*Legt auf.*) Sie können es nicht nachverfolgen. Sieh dir all diese Telefone an. Dieses habe ich einem Polizisten gestohlen. Seine Frau hat angerufen, und ich habe ihr gesagt, daß er nicht rangehen kann, weil er gerade neben mir schläft …

SARA Das war gemein. Was hat sie dir getan?

ANA Ja, das war gemein. Ich weiß, und ich werde es nicht wieder tun. Es war gemein …

SARA Wie viel Geld hast du?

ANA Nicht viel, noch nicht. (*Nimmt aus einem versteckten Schuh Geld heraus.*) Nicht viel, noch nicht. Aber deine Finger werden viele Schuhe füllen.

SARA Und dann?

ANA Wir werden die Stufen raufsteigen und sagen: Hey, hier sind wir, wir sind jetzt im Geschäft, wir haben Geld zu investieren. Wir werden euch braven Steuerzahlern nicht auf der Tasche liegen. Vielleicht können wir euch sogar helfen, ein wenig Salz auf das Omelett zu streuen.

SARA Du bist verrückt.

ANA Nenn mich nicht verrückt! Nie wieder!

SARA Laß mich! Laß mich in Frieden! (*Sie raufen.*) Laß mich!

ANA Nenn mich nie wieder verrückt. Nie wieder!

SARA Ich verspreche es.

(Sie raufen still weiter, dann hören sie abrupt auf.)

ANA Es tut mir leid.

SARA Ich wollte dich nicht verletzen.

ANA Verstehst du nicht? Das ist genau das, was sie wollen. Sie wollen, daß wir uns bekämpfen, daß wir uns gegenseitig rausschmeißen. Mein Gott. Erinnerst du dich an die Nacht, in der wir beinahe ertrunken wären?

SARA Wie könnte ich das jemals vergessen? Ich träume jede Nacht davon.

ANA Es war wie ... ich weiß nicht, vielleicht war es ja nur Einbildung, aber ich hatte das Gefühl, ich könnte den Grund des Meeres sehen, und da lagen Knochen, weiße Knochen, Schicht auf Schicht. Als hätten alle Ertrunkenen ihre Knochen für eine Brücke gegeben, die sich langsam vom Grund des Meeres erhebt. Ja, sie wird sich eines Tages sogar über das Meer erheben, und so wird es für alle, die ein neues Leben suchen, möglich sein, über das Wasser zu gehen, über die Brücke aus weißen Knochen ...

SARA Warum hast du mir das nie erzählt?

ANA Vielleicht wollte ich ein Geheimnis haben. Wenigstens das. Wenn ich schon alles verloren hatte, wollte ich wenigstens ein Geheimnis in meinen leeren Koffer legen können ... Schwester!

SARA Ja?

ANA Ich weiß, was ich tue. Niemand wird mich jemals von hier vertreiben können. Wenn ich gehe, dann, weil ich es will.

SARA Ich werde niemals lernen zu stehlen. Ich bin zu nervös dafür.

ANA Wir werden es gemeinsam tun. Du zeigst nur deine schönen Beine, verwirrst sie, und meine Finger machen den Rest.

SARA Meine Beine?

ANA Deine schönen schwarz-braunen Beine können sogar einen sehr, sehr, sehr alten Mann geil machen.

SARA Heißt das, daß wir keine Frauen bestehlen?

ANA Denen zeigst du auch deine Beine, die werden nicht geil, aber eifersüchtig.

SARA Ich will nicht.

ANA Dann werd eine Hure!

SARA Es ist kein Verbrechen, einen alten Mann zu finden und zu heiraten. Aber es ist ein verdammtes Verbrechen, Handys zu stehlen.

ANA Ich spreche von Würde.

SARA Und du tust genau das, was diese Salzstreuer-Männer uns vorwerfen.

ANA Was werfen sie uns vor?

SARA Daß wir als Kriminelle kommen.

ANA Ich würde das nicht tun, wenn ich eine Chance gehabt hätte, meine Geschichte zu erzählen, und wenn man sie mir geglaubt hätte.

SARA Hast du den Leuten, denen du die Handys klaust, von deinem Vater erzählt? Sag?

ANA Hast du den alten Männern, die mit dir ins Bett wollen, erzählt, daß du nur darauf wartest, daß sie sterben? Sag?

SARA Ich hätte nicht kommen sollen. Ich hätte nicht versuchen sollen, dich zu finden.

ANA Du weißt, daß ich recht habe. Du weißt es.

SARA Ich weiß nur, daß ich so nicht mehr leben kann.

ANA Dann hör mir zu! Du sollst nur zuhören.

SARA Ich habe all diese Worte satt. Was wird besser, wenn ich zuhöre? Laß mich alleine. Ich werde meinen eigenen Weg gehen.

ANA Du wirst sterben. Du wirst dich in Gefahr begeben. Das hier ist ein Dschungel. Es gibt mehr gefährliche Tiere hier in Europa als in ganz Afrika. Hör mir zu!

SARA Warum hörst du mir nicht zu? Ich wäre mir da nicht so sicher, daß ich diejenige bin, die direkt in die Hölle fährt.

ANA Unsere einzige Chance, zu überleben und hier willkommen zu sein, ist, zusammenzuhalten. Bitte, verstehst du nicht … Wir können –

SARA Ja, sprich nur weiter. Was können wir? Sag es mir!

ANA Wir können zusammenhalten. Uns gegenseitig verteidigen.

SARA Ich kann mich selbst verteidigen.

ANA Kannst du nicht.

SARA Die Heulerei hilft nichts …

ANA Mach doch, was du willst. Ich werde meinen eigenen Weg gehen.

SARA Vielleicht wäre es besser gewesen zu ertrinken.

ANA Nein! Das niemals! Niemals! Warum haben wir unser Land verlassen? Warum haben wir endlose Nächte durchwandert, haben alles, was wir hatten, Schleppern gegeben, damit sie uns über die Grenze bringen? Warum haben wir das getan? Weil wir sterben wollten? Weil wir nach Europa wollten, um zu sterben? Weil wir unser Leben satt hatten und sagten: Bitte, nehmt uns mit und laßt uns sterben? War das der Grund, warum wir unsere Väter und Mütter und Schwestern und Brüder, die Sonne und den Regen, das klare Wasser der Flüsse, die von den fernen Bergen kommen, verlassen haben? War das der Grund? Weil wir dem Mann mit dem Salzstreuer recht geben wollten? Ich dachte immer, wir taten das, weil wir leben wollten. All diese Koffer und Schuhe erzählen doch unsere Geschichten. (*Sie nimmt einen Schuh. Es ist ein Männerschuh. Ein Mann tritt auf und hat nur einen Schuh am Fuß. Musik. SARA zeigt dem Mann ihr Bein, ANA stiehlt sein Handy und rennt weg.*)

Szene 18

(Ana und Sara sind alleine auf der Bühne und öffnen einen Koffer voller Handys. Der Mann aus Jamaika betritt in einer sehr tänzerischen Art den Raum.)

Mann aus Jamaika Ah! Was für wunderbare Handys, mein Kind. Wer ist denn die nette Lady Butterfly in Black? (*Ein Telefon läutet, es ist ein Ton im Stile des jamaikanischen Reggae.*) Das muß für mich sein. In wessen Tasche hast du dieses Handy gefunden?

Ana Bei einem glatzköpfigen Mann in einem Wabenzi.

Mann aus Jamaika Wabenzi. Ein Mann mit einem Mercedes. (*Hebt ab.*) Hallo, hier spricht der Teufel. Ich sagte Teufel, und wer könnten Sie sein, Madam? Wollen Sie nicht die Polizei rufen? Mephisto macht nie Geschäfte mit der österreichischen Polizei. Ihr Mann ist nicht da! Ich kann ihn nicht entdecken, ich bin hier ganz alleine mit meinen Freunden … Nicht weinen, gnädige Frau, es wird noch andere Handys für Sie geben. Stellen Sie sich stattdessen vor, Sie hatten einmal die wundervolle Gelegenheit, mit dem Teufel höchstpersönlich zu sprechen. Auf Wiedersehen, süßer Schmetterling. (*Beendet das Telefonat.*) Mein Gott, sie schien ein wenig wütend zu sein.

Sara Sie reden wie ein Dieb. Morgen wird in allen Zeitungen stehen: »Ausländische Bande stiehlt Mobiltelefone. Organisiertes Verbrechen.«

Mann aus Jamaika Ich fürchte, da hast du Recht.

Ana Ich will mein Geld.

Mann aus Jamaika Kind, sei geduldig. Ich muß erst diese Handys checken …

Ana Da gibt es nichts zu checken. Her mit dem Geld, oder ich verkaufe sie an jemand anderen.

MANN AUS JAMAIKA (*zu SARA*) Deine Chefin ist ziemlich hart zu mir, meinst du nicht auch? Es scheint, sie glaubt mir nicht, vielleicht traut sie mir auch nicht.

SARA Ja –

ANA Nein! Sprich mit mir, nicht mit ihr. (*Zu SARA:*) Misch dich nicht ein. Traue niemandem. Halt einfach die Klappe! (*Zum MANN AUS JAMAIKA:*) Das Geld.

MANN AUS JAMAIKA (*singt den alten Elvissong*) »Money Honey, ahaha, money honey«. Hier hast du sie, nette kleine Euro. Ich sehe dich dann nächsten Monat. (*Ein anderes Handy klingelt. Er geht ran.*) Na, kleines Mädchen, du willst mit deinem Vater sprechen? Du willst, daß er dir eine Gute-Nacht-Geschichte erzählt? Bist du schon im Bett, mein Kind? Ja, weißt du, dein Vater ist momentan nicht da, aber er hat mich gebeten, dir die Geschichte zu erzählen. Wer ich bin? Nun ja, ich bin ein kleiner Vogel, der einst gegen die Glasscheibe flog und auf den Boden fiel. Du hast diesen kleinen Vogel gesehen, und du wolltest ihn retten. Aber die Flügel waren gebrochen, und so mußte er sterben, bevor er überhaupt eine Möglichkeit hatte zu leben. Das bin ich, und das war auch schon die Gute-Nacht-Geschichte für heute. Schlaf gut, mein Kind, schlaf gut. (*Die Mädchen singen ein afrikanisches Schlaflied. Und dann sind nur noch SARA und der MANN AUS JAMAIKA auf der Bühne.*)

Szene 19

Sara Sie sind mir gefolgt?

Mann aus Jamaika Es tut mir leid, aber ich muß einem schönen schwarzen Schmetterling folgen. Deine Flügel singen zu mir. Wie heißt du?

Sara Du wirst mich so nennen, wie du willst, nicht wahr?

Mann aus Jamaika Bitte sei nicht so wie deine Schwester. So hart.

Sara Sie ist hart zu sich selber.

Mann aus Jamaika Sie ist hart zu dir.

Sara Was willst du? Willst du mir nur sagen, daß sie mich schlecht behandelt?

Mann aus Jamaika Warte! Okay, es tut mir leid. Aber ich will diesen traurigen wütenden Butterfly Blues nicht hören. Das sind dunkle Noten, Sister Shoeless. Du bist für die Freiheit geflohen. Hast alles hinter dir gelassen. Warum läßt du dich dann von ihr zur Sklavin machen?

Sara Ich bin niemandes Sklave. Außerdem geht dich das gar nichts an. Was machst du denn hier? Ein jamaikanischer Junge? Ein Dieb, der Handys verkauft?

Mann aus Jamaika Ich bin ein Flüchtling, Schwester. Ich wurde in Kingston geboren, aber mein Vater nahm die Familie mit nach Haiti. Und dort hat ihn dieser Tonton Macutes in Stücke gehackt. Meine Mutter, mein Bruder Tom und meine Schwestern Liza, Jenny und Rose gingen zurück nach Kingston. Aber ich bin hierher gekommen, um Geld zu verdienen, das ich ihnen dann schicke. Ich habe fünf Jahre lang versucht, legal zu werden, aber ich hatte keine Chance. Sie glauben, ich verstecke Lügen hinter meinen weißen Zähnen. Ich habe für meine Legalität gekämpft, aber sie zwingen mich ins Gegenteil. So verkaufe ich Handys, obwohl ich gerne legal wäre, ein ehrlicher Mann mit einer ehrlichen Arbeit. Aber sie lassen mich nicht.

SARA Du hast eine große Klappe. Wie willst du mir helfen, wenn du nicht einmal dir selber helfen kannst? Große fette Lügen kommen aus deinem Mund, wie große fette Fische, kleiner Bruder Kingstonman. Wie heißt du?

MANN AUS JAMAIKA »Tombstone«. Wie der, den du auf dem Friedhof findest. Ich ändere jeden Morgen meinen Namen. Wie ein frisches Hemd, ein frischer Name, Sharky, Little Melon, Banana Boat Song, Starship, Arthur, Nimbus und andere Namen, die mir zufallen wie Grüße von fernen Sternen. Ich liebe dich, kleine Schwester. Und ich denke, daß ich dich aus diesem Elend befreien kann. Ich bin ein anständiger Mann.

SARA Ich weiß, was du willst.

MANN AUS JAMAIKA Nein.

SARA Du willst mich »Shoeless«, ohne Kleider.

MANN AUS JAMAIKA Natürlich will ich das. Und wie, danke. Liebe machen, ja, heiß und lange, speziell am Morgen. Aber das ist ein anderes Thema. Jetzt versuche ich dir wirklich zur Freiheit zu verhelfen. Ich kämpfe für dich. Da gibt es einen Mann, einen Freund. Ein Mann aus Rußland, der sich selbst zum Priester geweiht hat und der jeden Tag folgende Worte wiederholt: »Gott, laß mich dein Diener sein und all diesen namenlosen, unsichtbaren Menschen helfen, die an den Küsten unseres Kontinents gestrandet sind und nicht die Gnade haben, eine Unterkunft zu finden, Amen.« Er kann dir helfen.

SARA Und warum nur mir?

MANN AUS JAMAIKA Deine Schwester-

SARA Sie ist NICHT meine Schwester.

MANN AUS JAMAIKA Oh, Entschuldigung. Nicht deine Schwester; sie ist so hart, sie läßt sich nicht helfen.

SARA Dieser Mann ...

MANN AUS JAMAIKA Dieser russische Mann …
SARA Was will er denn von mir?
MANN AUS JAMAIKA Nichts.
SARA Keiner will nichts. Schon gar nicht die Männer von den Frauen. Wie ist sein Name?
MANN AUS JAMAIKA Igor.
SARA Ich traue diesem Namen nicht.
MANN AUS JAMAIKA Vertraue mir.
SARA Ich kann nicht. Ich vertraue niemandem.
MANN AUS JAMAIKA Dreh mir den Rücken zu.
SARA Warum?
MANN AUS JAMAIKA Tu es einfach.
SARA Ich drehe nichts und niemandem jemals den Rücken zu.
MANN AUS JAMAIKA Tu es!
SARA Verpiß dich.
MANN AUS JAMAIKA Tu es. Versuch es.
SARA Was soll ich versuchen?
MANN AUS JAMAIKA Jemandem zu vertrauen.
SARA Ich mag deine Augen nicht.
MANN AUS JAMAIKA Ich liebe deine.
SARA (*zieht ein Messer*) Ich werde dir den Rücken zudrehen. Aber ich werde auch nicht zögern, das hier zu verwenden. Dein Fleisch ist weich.
MANN AUS JAMAIKA Braves Mädchen. Ich mag Leute, die sich selbst verteidigen. Ich werde dir jetzt den Rücken zudrehen, obwohl du das Messer in der Hand hältst. (*Er dreht ihr den Rücken zu, und sie läßt das Messer zu Boden fallen.*)
SARA Dieser Igor …
MANN AUS JAMAIKA … kann dir helfen.
SARA Du weißt doch gar nicht, was ich will! Und dieser Igor? Nein, ich vertraue dir nicht.
MANN AUS JAMAIKA Er braucht eine Empfangsdame in sei-

nem Restaurant auf der Krim. Eines der schönsten Hotels, die jemals gebaut worden sind. Empfangsdame, man kümmert sich um die Gäste –

SARA Hör auf! Ich spreche nicht einmal ihre Sprache. Warum sollte er mich haben wollen? Das ist verdammte Scheiße.

MANN AUS JAMAIKA Mit dieser Sprache landest du nur in den dunklen Straßen, wo die billigsten Nutten in schmutzige Autos steigen. Er will dich haben, weil er exotisches Personal für sein Hotel sucht. Er wird dir eine Chance geben, die Sprache zu erlernen, er zahlt dir einen Kurs. Du bist das, was er sucht, die exotische Frau aus dem Dschungel. Er wird dir einen netten Namen geben, das »Leoparden-Mädchen«, »Miss Danger«, was weiß ich. Er wird dir ein gutes Gehalt zahlen, und du wirst eine nette Wohnung bekommen. Ich habe dir meinen Rücken zugedreht. Du solltest aber diesem Angebot nicht den Rücken kehren.

SARA Ich will ihn treffen.

MANN AUS JAMAIKA Hier, seine Adresse.

SARA Ich werde morgen hingehen.

MANN AUS JAMAIKA Nein, jetzt.

SARA Niemals.

MANN AUS JAMAIKA Morgen ist zu spät.

SARA Ich traue dir nicht.

MANN AUS JAMAIKA Du sollst ihn nur treffen.

SARA Wenn du lügst, bring ich dich um.

MANN AUS JAMAIKA Ich liebe dich. Ich werde immer für dich da sein. Wenn ich mir deinen Bauch ansehe, kann ich bereits mein Kind darin sehen.

SARA Zuviel Geschwätz. *(Sie nimmt die kleine Karte mit der Adresse. Dann geht sie. Der MANN AUS JAMAIKA nimmt sein Handy.)*

MANN AUS JAMAIKA (*ins Telefon*) Ja, ich bin's. Ja, sie ist auf dem Weg. Sie wird auf der Hut sein. Aber das Geschäft

geht klar. Überweis das Geld einfach auf mein Konto. Sie wird ein großer Erfolg sein, egal in welches Bordell du sie steckst. Aber zu Beginn wird sie sicher Schwierigkeiten machen, bevor sie sich an ihr neues Leben gewöhnt hat. Das andere Mädchen wäre nicht möglich. Sie ist, wie soll ich sagen, sie hat ihre eigenen Vorstellungen …
(Er steckt das Handy wieder ein. Lauscht. Dann hören wir einen entfernten Schrei, ein Koffer wird auf die Bühne geworfen. Er öffnet ihn und darin sind die Kleider, die SARA einige Minuten vorher anhatte. ANA betritt die Bühne, und der MANN AUS JAMAIKA verschwindet im Dunklen, aber er beobachtet sie.)

Szene 20

Ana Wo bist du? Schwester! Schwester ... ich kann sie fühlen. Sie war hier. Hier ist der Geruch von ihrem Zorn und ein anderer Geruch von ihrem Willen. Schwester! Wo bist du? Geh nicht verloren! (*Entdeckt den Mann aus Jamaika.*) Wo ist sie? Wo? Wo?

Mann aus Jamaika Woher soll ich das wissen?

Ana *(stößt ihn sehr fest; er fällt zu Boden)* Ich werde dich umbringen, wenn du mir nicht sofort sagst, was mit ihr passiert ist. Ich will es wissen. Jetzt.

Mann aus Jamaika Okay, okay, Ich werde es dir sagen.

Ana Also was ist?

Mann aus Jamaika *(zeigt ihr ein Handy)* Ruf sie doch an.

Ana Sie hat doch gar kein Telefon.

Mann aus Jamaika Jemand anderes hat eins. (*Wählt eine Nummer.*) Hier will jemand mit »Shoeless« reden. Was? Ah, ich werde es ihr sagen ... *(Zu Ana:)* Sie schläft gerade.

Ana (*nimmt das Telefon*) Mit wem spreche ich? *(Sie hört zu, da ist Musik, und dann ist der Anruf beendet. Ana ist schockiert über das, was sie gerade gehört hat.)*

Mann aus Jamaika Sie ist ihren eigenen Weg gegangen.

Ana Wieviel?

Mann aus Jamaika Was glaubst du eigentlich, wer ich bin?

Ana Ein Mann, der Frauen in die Sklaverei verkauft.

Mann aus Jamaika Und wenn du recht hättest?

Ana Ich würde dich umbringen. Ich werde dich umbringen.

Mann aus Jamaika Womit denn? Mit deinen Händen?

Ana Mit meinen Zähnen. Ich werde dich in die Kehle beißen, so lange bis dein ganzes Blut aus deinem Körper geronnen ist.

Mann aus Jamaika Nein.

Ana Doch.

(Ein Mann kommt herein. Er hat einen Salzstreuer in der Hand; dann benutzt er ihn wie ein Gewehr. Er ist eine Art trashiger Bodyguard.)

MANN AUS JAMAIKA Dieser Mann würde nicht zögern, dich zu töten. Renn weg, mein Kind, lauf, bevor ich dich umbringen lasse. Verkauf deine Handys an jemand anderen, finde eine andere Stadt, finde ein anderes Leben. Und komm nie wieder in meine Nähe.

ANA Wie fühlt es sich an ...

MANN AUS JAMAIKA War das eine Frage?

ANA Ja.

MANN AUS JAMAIKA Ich glaube nicht, daß ich sie verstanden habe.

ANA Nein.

Szene 21

(Die zwei Männer verlassen die Bühne, ohne ihr eine Antwort zu geben. ANA ist für einen Moment allein. Ihre Mutter zeigt sich mit ihren Koffern.)

ANA Ich bin kurz vorm Aufgeben.

MUTTER Nein. Ich habe dir das Leben geschenkt, nicht den Tod. *(Sie gibt ANA ein kleines Kleidungsstück, exakt dieselbe Farbe und dieselben Motive wie das große »Segel«, das über der Bühne hängt. Der VATER von ANA erscheint.)*

ANA Mach es noch einmal!

VATER Ich bin tot und schon vor langer Zeit gegangen. Ich kann nicht.

ANA Du kannst! Du bist derjenige, der mir gesagt hat, daß ich immer mit denen sprechen kann, die gegangen sind. Du hast mir gesagt, daß es wichtig ist die Toten immer als Freunde zu behalten. Also, tu es!

VATER Was?

ANA Zeig mir die Sonne. (*Der VATER hebt sie zur Sonne hoch.*) Das ist meine erste Erinnerung, dieser Morgen, an dem du zu mir gesagt hast:

VATER »Komm, Tochter! Schau dir die Sonne an! Komm Sonne, sieh dir meine Tochter an!«

ANA Wird es immer so sein?

VATER Ja.

ANA Immer?

VATER Immer.

ANA Aber du hast gelogen. Du hattest Unrecht. Du bist tot. Und ich kann nicht einmal dein Grab finden. Das einzige, was »immer« ist, ist dein Tod. Sie haben dich getötet und zu den Tieren geschmissen. Jede Nacht träume ich davon, wie diese Tiere an deinen Händen nagen. An diesen Händen, die mich zur Sonne gehoben haben. (*Spricht »zur ganzen Welt«.*) Versteht ihr nicht, was geschehen ist? Hört ihr meine Geschichte nicht? Diese Hände, die mich zur Sonne emporhoben, wurden zu den Tieren geworfen, weil mein Vater an einen falschen Gott glaubte. Darum bin ich hier. Wegen meiner bloßen Füße und den Händen meines Vaters und einem falschen Gott. Aber niemand hört zu.

(Der SALZSTREUER-MANN tritt auf.)

SALZSTREUER-MANN Oh doch, ich höre ja zu.

ANA Dann mußt du auch verstehen.

SALZSTREUER-MANN Jedes Wort.

ANA Dann mußt du mir glauben!

SALZSTREUER-MANN Es gibt kein Muß. Aber ich höre dir zu.

ANA Wer bist du?

SALZSTREUER-MANN Ein einfacher Mensch. So wie du. Ein Mann, der so denkt wie die anderen, ein Mann, der sagt, was andere denken, aber nicht aussprechen.

ANA Du willst mich loswerden, du willst, daß ich tot bin.

SALZSTREUER-MANN Nein, nein, ich will nicht, daß du tot bist. Ich will nur Salz aus diesem Salzstreuer bekommen, für mein Omelett. Das ist alles. Nicht mehr.

ANA Ich verstehe nicht ...

SALZSTREUER-MANN (*schreit*) Dein Leiden ist deines! Nicht meines! Das ist der Grund, warum ich dich nicht hier haben will. (*Beruhigt sich.*) Es tut mir leid. Nun habe ich etwas gesagt, was ich besser in der Stille gelassen hätte. Auch ich muß mich manchmal in mein Schloß des Schweigens zurückziehen. Es tut mir leid.

ANA Es braucht dir nicht leid zu tun. Zum ersten Mal habe ich jemanden gehört, der mir die pure und einfache Wahrheit sagt. Zum ersten Mal.

(SARA kommt herein. ANA wickelt sich das kleine Kleidungsstück um den Kopf und setzt einen Koffer auf ihren Kopf. Es ist eine Art glücklicher Sprech-Blues; sie teilen sich den Text

und die Musik und den Tanz und die Freude, die in dieser Geschichte endet.)

ANA und SARA Ich weiß nicht, warum ich überlebte, als das Schiff unterging. Aber ich bin ziemlich sicher, daß die Knochen der Toten eines Tages eine Brücke bilden werden, die alle Hunde mit ihren weißen Zungen vertreiben wird, und alle betrunkenen Matrosen und alle habgierigen Schlepper. Dann wird auch dieser barbarische Wahnsinn verschwinden. Es wird keine verzweifelten Menschen mehr geben, die gezwungen sind, als unsichtbare Phantome zu leben, als Höhlenmenschen unserer Zeit. Ich überlebte, ich verschwand nicht im Meer des Verrats, dem Meer von Habgier und Feigheit. Als ich hier ankam, dachte ich, jemand würde an Land stehen und auf mich warten. Aber niemand kam ... niemand kam ... Ich bin hier. Auch wenn du mich nicht sehen kannst ...

(Sie gehen langsam weg. Die Musik wird leiser, bis sie verschwunden sind. Dunkelheit.)

Henning Mankell und das Theater

Henning Mankell wurde 1948 in Härjedalen geboren. Er ist einer der angesehensten Schriftsteller in Schweden und einer der erfolgreichsten europäischen Autoren, seine Wallander-Krimis haben ihn berühmt gemacht. Doch die große Liebe des Schriftstellers gehört dem Theater: »Hier, einen Meter vor meinem Fuß, ist die Grenze zu einem magischen Ort. Da fängt die Bühne an, ein Ort, an dem nichts mehr unmöglich ist«, erklärt er. Bereits als junger Mann arbeitet er für verschiedene schwedische Theater als Regisseur, Autor und Intendant. Und er reist immer wieder nach Afrika. Als man ihn 1985 einlädt, an der Gründung eines Theaters in Mosambiks Hauptstadt Maputo mitzuwirken, bricht er sofort auf. Er eröffnet das Teatro Avenida, an dem heute rund 70 Schauspieler beschäftigt sind, später übernimmt er dessen Leitung. Von nun an lebt Henning Mankell die Hälfte des Jahres in Mosambik. In Zusammenarbeit mit seinen Schauspielern entstehen sozialkritische Stücke, der Bruch zwischen der ersten und der dritten Welt ist ein Hauptthema. Mit den Mitgliedern seiner Truppe wird er wiederholt zu Gastspielen nach Europa eingeladen. Auch mit europäischen Schauspielern entstehen neue Stücke wie *Butterfly Blues.* Hier stehen bei der Uraufführung in Graz zwei Schauspielerinnen des Teatro Avenida und zwei Schauspieler des Grazer Schauspielhauses unter Mankells Regie auf der Bühne.

Daneben sind in Österreich und in Deutschland momentan drei weitere Stücke von Henning Mankell an wechselnden Bühnen zu sehen: *Zeit im Dunkeln, Antilopen* und *Der gewissenlose Mörder Hasse Karlsson enthüllt die entsetzliche Wahrheit, wie die Frau über der Eisenbahnbrücke zu Tode gekommen ist.*